Inhalt

E-Mail-Marketing - Ein Trendthema des Jahres 2013

Kernthesen

Beitrag

Fallbeispiele

Weiterführende Literatur

Impressum

E-Mail-Marketing - Ein Trendthema des Jahres 2013

Harald Reil

Kernthesen

- Experten sagen dem E-Mail-Marketing eine glänzende Zukunft voraus.
- Den Anlass zur Euphorie liefern positive Nachrichten aus dem EMEA-Wirtschaftsraum und den USA.
- Vor allem das mobile E-Mail-Marketing wird in diesem Jahr an Bedeutung gewinnen.
- Unternehmen müssen ihre E-Mail-Kampagnen allerdings inhaltlich und technisch an die Welt der Smartphones und Tablets anpassen.
- Mit "Triggered Mails" lassen sich höhere

Klickraten erzielen als mit Werbebotschaften, die nach dem Gießkannenprinzip verschickt werden.

Beitrag

Starker Anstieg bei Öffnungs- und Klickraten

E-Mail-Marketing ist auch angesichts von Social Media noch lange nicht tot. Im Gegenteil: Das Marketing-Instrument erlebt gerade eine Renaissance. Dafür sprechen beeindruckende Statistiken vom vergangenen Jahr. Eine Untersuchung des Dialogmarketing-Weltmarktführers Epsilon im EMEA-Raum (Europa, Mittlerer Osten und Afrika) hat Folgendes zutage gefördert: Im Vergleich mit dem dritten Quartal 2011 hat die E-Mail-Öffnungsrate im selben Zeitraum des Vorjahres um satte 18,4 Prozent zugelegt - nämlich von 6,2 auf 24,6 Prozent. Auch die Klickrate ging gehörig nach oben: Sie stieg von 3,1 auf 9,1 Prozent. Zahlen aus den USA sind ebenfalls positiv. Dort hat eine Studie nachgewiesen, dass User vor allem sogenannte "Triggered Mails" - dazu zählen zum Beispiel Mails, die an Kundengeburtstagen oder an

Feiertagen verschickt werden - gerne öffnen. Vor allem im Vergleich mit herkömmlichen Werbemails, die sich auf keinen besonderen Anlass beziehen, ist die Nutzerrate besonders beeindruckend. "Triggered Mails" hängen mit einer um 75,1 Prozent höheren Öffnungs- und einer um 114,8 Prozent höhere Klickrate nichtanlassbezogene Mails locker ab. (1), (8)

Mobiles E-Mail-Marketing erfordert Umdenken

Experten sagen voraus, dass dieses Jahr vor allem E-Mail-Marketing auf mobilen Endgeräten gewaltig zulegen und daher eine wesentliche Rolle in Marketingkampagnen spielen wird. Unternehmen, die auf diesen Zug aufspringen wollen, müssen ihr bisheriges Vorgehen allerdings grundlegend überdenken. Smartphones und Tablets bieten nicht den Platz von großen Bildschirmen. User, die "on the road" sind, nutzen außerdem ihre Finger für die Navigation und keine Maus. Konzentration und Geduld sind zudem weitaus geringer als bei Nutzern, die vor stationären PCs sitzen. Diese Besonderheiten machen inhaltliche und technische Anpassungen unumgänglich. Dazu zählen zum Beispiel kürzere, noch leichter verständliche Texte; ausreichend große Abstände zwischen Links, damit sie sich mit dem Finger leicht anklicken lassen; kleinere, aber dennoch gut lesbare Grafiken und Bilder; Displays mit nur einer Spalte, um lästiges Scrollen zu unterbinden, und ein fließender Übergang zwischen hoch- und querformatigen Ansichten. (2), (3), (8)

Betreff: Der große Unterschied

Wenn es zwischen E-Mail-Kampagnen für mobile Endgeräte und für stationäre PCs also in einigen Punkten wichtige Differenzen gibt, so existieren doch auch Parallelen, die über Erfolg oder Misserfolg entscheiden. Wichtig ist in beiden Fällen die Betreffzeile. Sie macht den großen Unterschied aus, ob eine E-Mail überhaupt geöffnet wird oder nicht. Welche Art von Betreff am besten ankommt, finden Unternehmen am ehesten heraus, wenn sie mit unterschiedlichen Inhalten experimentieren und diese gleichzeitig an kleinere Verteiler schicken. Die Mail, deren Betreffzeile die höchste Öffnungsrate hat, verspricht auch beim Versand an den Gesamtverteiler den größten Erfolg. (8)

Erfolgsgeheimnis: zielgerichteter Einsatz von Analyse-Tools

Unablässig für das Gelingen von E-Mail-Marketingkampagnen ist auch der zielgerichtete

Einsatz von Webanalyse-Tools. Sie sind dafür verantwortlich, dass sich Unternehmen, die sich nicht auf das sogenannte Gießkannenprinzip verlassen, effizienter sind als andere, die das tun. Segmentierung in immer klarer definiertere Kundencluster, anlassbezogene Mails, die an Feiertagen, Geburts- oder Jahrestagen verschickt werden, Gewinnspiele und Bons sowie der bekannte Appell an die Emotionen ist der Mix, der E-Mail-Kampagnen erfolgreich macht - auf Smartphones, Tablets und PCs. (4), (5)

Via Facebook in den E-Mail-Verteiler

Es bleiben die Fragen offen, wie sich genügend Adressen generieren lassen, damit sich regelmäßige E-Mail-Kampagnen auch lohnen; und was Unternehmen tun können, einmal rekrutierte Abonnenten bei der Stange zu halten. Experten raten zu folgenden Möglichkeiten, die verhältnismäßig neu sind. Firmen könnten beispielsweise versuchen, ihre Facebook-Follower mit Gewinnspielen in ihren E-Mail-Verteiler zu lotsen. Um sie dort zu halten, sollten sie ihre Mailings mit spannenden und lesenswerten Inhalten aufpeppen. Über das sogenannte Content-Marketing, das auf journalistische Qualität setzt, lassen sich dann, so lautet die Theorie, Zugänge zum Kunden als Käufer finden und damit letztendlich auch die Absatzzahlen steigern. (6), (7)

Trends

"Triggered Mails" gehört die Zukunft

Dank zunehmender Professionalität, was die Segmentierung von Kunden betrifft, werden E-Mail-Kampagnen immer effizienter. Es ist daher davon auszugehen, dass vor allem "Triggered Mails" eine große Zukunft bestimmt ist - egal, ob sie für mobile Endgeräte oder stationäre PCs konzipiert sind. Firmen, die wissen, wann ihre Kunden Geburtstag haben, die zu Festtagen wie Ostern, Pfingsten oder Weihnachten Mails mit anlassspezifischen Inhalten verschicken, die populäre Tage wie den Valentinstag als Aufhänger für Sonderaktionen nehmen oder die mit Gutscheincodes, Jahrestags- oder Treuemailings arbeiten, werden ihre Öffnungs- und Klickraten beträchtlich steigern und damit auch ihren Umsatz ankurbeln können. (4), (5)

Vielleicht bald gang und gäbe: lokales E-Mail-Marketing

Noch Zukunftsmusik, aber vielleicht bald gang und gäbe ist die lokale Nutzung von E-Mail-Marketing. Das können zum Beispiel Mailings sein, die den Nutzer auf bestimmte Angebote von Geschäften in seiner unmittelbaren Nähe aufmerksam machen oder der Versand von Gutscheinen, die die Empfänger in ebenfalls nahe gelegenen Filialen des Unternehmens einlösen können. (8)

Fallbeispiele

Grundlagen für erfolgreiches E-Mail-Marketing fehlen noch

Noch ist es mit mobilen E-Mail-Kampagnen nicht weit her. Zurzeit öffnen User im Schnitt nur rund 20 Prozent der Mails, die sie auf ihren Smartphones beziehungsweise Tablet-PCs erreichen. Eine Studie, für die Return Path, der weltweit führende Anbieter für E-Mail-Intelligence verantwortlich zeichnet, hat ergeben, dass in den USA 55 Prozent der Marketingabteilungen ihre Klientel nicht segmentiert haben und ihre Mails daher an alle Kunden - also nach dem Prinzip Gießkanne - verschicken. Hierzulande ist die Situation kaum besser. Darauf weist zumindest eine andere Studie hin, die die Unternehmensberatung Absolit veröffentlicht hat. Obwohl nachgewiesen sei, dass Triggermails viel öfter geöffnet werden als nichtanlassbezogene Mailings, würden sie bisher nur von jedem vierten Unternehmen verwendet. So groß also die Euphorie in punkto Zukunft des E-Mail-Marketings ist, die Unternehmen müssen zuallererst ihre Hausaufgaben machen und die Grundlagen für erfolgreiche Kampagnen legen. (5), (9)

Firmen stehen schon in den Startlöchern

Dass die Firmen aber wenigstens schon in den Startlöchern stehen und die Dringlichkeit der Lage erkannt haben, zeigt dieselbe Absolit-Studie. Rund 50 Prozent der Verantwortlichen, die für die Untersuchung befragt wurden, haben erklärt, dass sie ihre E-Mail-Kampagnen in Zukunft smartphone- und tablettauglich machen wollen. Mit Responsive Design steht dafür eine Technik zur Verfügung, mit der sich diese Aufgabe ohne großen Programmieraufwand lösen lässt. (9)

Ikea Dänemark steigert Absatz dank zielgruppengenauer E-Mailings

Ikea Dänemark hat basierend auf einer Selbstsegmentierung zielgruppengenaue E-Mailings an seine Family-Club-Mitglieder verschickt. Das Ergebnis kann sich sehen lassen: Das Unternehmen erhöhte seinen Absatz um 18 Prozent, die Öffnungsrate für die Newsletter, die basierend auf den Segmentierungserkenntnissen generiert wurden, stieg gar um 75 Prozent. (4)

Weiterführende Literatur

(1) E-Mail-Marketing im Aufwind
aus "it&t-business" Nr. 02/2013 vom 15.02.2013 Seite: 45

(2) mobile mails · 2013 ist das Jahr des E-Mail-Marketings - und zwar auf mobilen Endgeräten. Vor einem Jahr spielte der Mobile-Anteil im E-Mail-Marketing noch kaum eine Rolle, das hat sich in den vergangenen zwölf Monaten jedoch massiv geändert. Zu dieser Einschätzung kommt Thorsten Blöcker, Head of Consulting bei der Netnomics GmbH, mit Blick auf die Email Expo, die am 5. und 6. Februar in

der Messe Frankfurt stattfindet. Mobile Optimierung von E-Mails sei demnach kein "Nice to Have" mehr, sondern längst zu einem "Must Have" avanciert. Marketern empfiehlt der Experte, zunächst etwa mit einem Mobile-Trackingpixel zu überprüfen, ob eine signifikante mobile Reichweite vorliegt. Im zweiten Schritt müssen Newsletter für mobile Endgeräte optimiert werden. Dabei ist es wichtig, Schwerpunkte zu setzen, klickbare Elemente und Schriftgrößen anzupassen und Mobile-Shops und Landingpages zu kreieren. Ist das geschehen, lässt sich die Wirkung von mobilen E-Mails mit Möglichkeiten zur Förderung der Interaktion mit dem Kunden sowie der Anpassung an dessen individuelle Situation steigern. Außerdem wird auf der Email Expo unter anderem gezeigt, wie man mit Emotionen Aufmerksamkeit erzeugt. jag
aus werben & verkaufen Nr. 06 vom 04.02.2013, S. 31

(3) Aufwachen aus dem Dornröschenschlaf
aus LEAD digital Nr. 01 vom 09.01.2013, S. 46 - 47

(4) Die Macht der Emotionen
aus LEAD digital Nr. 03 vom 06.02.2013, S. 44 - 45

(5) Echter Dialog statt Giesskanne
aus LEAD digital Nr. 03 vom 06.02.2013, S. 42 - 43

(6) Hereinspaziert
aus c't - Magazin für Computertechnik, 04/2013, S. 130

(7) Kein Platz mehr für Phrasendrescher - Mit Content Marketing wollen Firmen ihren Kunden Mehrwert bieten
aus GENIOS WirtschaftsWissen Nr. 10 vom 02.10.2012

(8) Newsletter im Smartphone
aus werben & verkaufen Nr. 06 vom 04.02.2013, S. 26 - 27

(9) Werbemails besser an Endgeräte anpassen
aus Lebensmittel Zeitung 07 vom 15.02.2013 Seite 036

(10) Unternehmen machen mobil - Dank Responsive Webdesign passen sich Online-Auftritte unterschiedlichen Displaygrößen flexibel an
aus GENIOS WirtschaftsWissen Nr. 10 vom 11.10.2012

Impressum

E-Mail-Marketing - Ein Trendthema des Jahres 2013

Bibliografische Information der deutschen Nationalbibliothek

Die Deutsche Nationalbibliothek verzeichnet diese Publikation in der deutschen Nationalbibliografie; detaillierte bibliografische Daten sind im Internet über http://dnb.d-nb.de abrufbar.

ISBN: 978-3-7379-0806-1

© 2015 GBI-Genios Deutsche Wirtschaftsdatenbank GmbH, Freischützstraße 96, 81927 München, www.genios.de

Alle Rechte vorbehalten. Dieses Werk ist einschließlich aller seiner Teile – z.B. Texte, Tabellen und Grafiken - urheberrechtlich geschützt. Jede Verwertung außerhalb der Grenzen des Urheberrechtsgesetzes bedarf der vorherigen Zustimmung des Verlags. Dies gilt insbesondere auch für auszugsweise Nachdrucke, fotomechanische Vervielfältigungen (Fotokopie/Mikroskopie), Übersetzungen, Auswertungen durch Datenbanken oder ähnliche Einrichtungen und die Einspeicherung und Verarbeitung in elektronischen Systemen.